# INVENTOR:

Stank Powell

Name of Invention:

_Stark bot    or    bot bot_

Type:
environmental medical technological scientific _____

Purpose:

_____

_____

_____

Materials:

_____      _____

_____      _____

_____      _____

Sketch:

## Name of Invention:

zach bot

## Type:
environmental medical technological scientific _____

## Purpose:

_____

_____

_____

## Materials:

_____          _____

_____          _____

_____          _____

## Sketch:

# Name of Invention:

floof bot

## Type:
environmental medical technological scientific _____

## Purpose:

_____

_____

_____

## Materials:

_____     _____

_____     _____

_____     _____

## Sketch:

## Name of Invention:

light &frite

## Type:
environmental medical technological scientific _____

## Purpose:

_____

_____

_____

## Materials:

_____          _____

_____          _____

_____          _____

## Sketch:

Name of Invention:

_robotiK  robot_

Type:
environmental medical technological scientific _____

Purpose:

_____

_____

_____

Materials:

_____          _____

_____          _____

_____          _____

Sketch:

Name of Invention:

_____

Type:
environmental medical technological scientific _____

Purpose:

_____

_____

_____

Materials:

_____        _____

_____        _____

_____        _____

Sketch:

```




```

Name of Invention:

_____

Type:
environmental medical technological scientific _____

Purpose:

_____

_____

_____

Materials:

_____      _____

_____      _____

_____      _____

Sketch:

Name of Invention:

_____

Type:
environmental medical technological scientific _____

Purpose:

_____

_____

_____

Materials:

_____          _____

_____          _____

_____          _____

Sketch:

Name of Invention:

_____

Type:
environmental medical technological scientific _____

Purpose:

_____

_____

_____

Materials:

_____     _____

_____     _____

_____     _____

Sketch:

Name of Invention:

_____

Type:
environmental medical technological scientific _____

Purpose:

_____

_____

_____

Materials:

_____          _____

_____          _____

_____          _____

Sketch:

```



```

Name of Invention:

_____

Type:
environmental medical technological scientific _____

Purpose:

_____

_____

_____

Materials:

_____        _____

_____        _____

_____        _____

Sketch:

```



```

Name of Invention:

_____

Type:
environmental medical technological scientific _____

Purpose:

_____

_____

_____

Materials:

_____        _____

_____        _____

_____        _____

Sketch:

Name of Invention:

_____

Type:
environmental medical technological scientific _____

Purpose:

_____

_____

_____

Materials:

_____          _____

_____          _____

_____          _____

Sketch:

Name of Invention:

_____

Type:
environmental medical technological scientific _____

Purpose:

_____

_____

_____

Materials:

_____        _____

_____        _____

_____        _____

Sketch:

Name of Invention:

_____

Type:
environmental medical technological scientific _____

Purpose:

_____

_____

_____

Materials:

_____     _____

_____     _____

_____     _____

Sketch:

Name of Invention:

_____

Type:
environmental medical technological scientific _____

Purpose:

_____

_____

_____

Materials:

_____          _____

_____          _____

_____          _____

Sketch:

Name of Invention:

_____

Type:
environmental medical technological scientific _____

Purpose:

_____

_____

_____

Materials:

_____          _____

_____          _____

_____          _____

Sketch:

Name of Invention:

_____

Type:
environmental medical technological scientific _____

Purpose:

_____

_____

_____

Materials:

_____     _____

_____     _____

_____     _____

Sketch:

Name of Invention:

_____

Type:
environmental medical technological scientific _____

Purpose:

_____

_____

_____

Materials:

_____     _____

_____     _____

_____     _____

Sketch:

Name of Invention:

_____

Type:
environmental medical technological scientific _____

Purpose:

_____

_____

_____

Materials:

_____          _____

_____          _____

_____          _____

Sketch:

Name of Invention:

_____

Type:
environmental medical technological scientific _____

Purpose:

_____

_____

_____

Materials:

_____        _____

_____        _____

_____        _____

Sketch:

Name of Invention:

_____

Type:
environmental medical technological scientific _____

Purpose:

_____

_____

_____

Materials:

_____          _____

_____          _____

_____          _____

Sketch:

Name of Invention:

_____

Type:
environmental medical technological scientific _____

Purpose:

_____

_____

_____

Materials:

_____    _____

_____    _____

_____    _____

Sketch:

Name of Invention:

_____

Type:
environmental medical technological scientific _____

Purpose:

_____

_____

_____

Materials:

_____        _____

_____        _____

_____        _____

Sketch:

Name of Invention:

_____

Type:
environmental medical technological scientific _____

Purpose:

_____

_____

_____

Materials:

_____          _____

_____          _____

_____          _____

Sketch:

Name of Invention:

_____

Type:
environmental medical technological scientific _____

Purpose:

_____

_____

_____

Materials:

_____          _____

_____          _____

_____          _____

Sketch:

Name of Invention:

_____

Type:
environmental medical technological scientific _____

Purpose:

_____

_____

_____

Materials:

_____     _____

_____     _____

_____     _____

Sketch:

Name of Invention:

_____

Type:
environmental medical technological scientific _____

Purpose:

_____

_____

_____

Materials:

_____     _____

_____     _____

_____     _____

Sketch:

Name of Invention:

_____

Type:
environmental medical technological scientific _____

Purpose:

_____

_____

_____

Materials:

_____          _____

_____          _____

_____          _____

Sketch:

Name of Invention:

_____

Type:
environmental medical technological scientific _____

Purpose:

_____

_____

_____

Materials:

_____          _____

_____          _____

_____          _____

Sketch:

Name of Invention:

_____

Type:
environmental medical technological scientific _____

Purpose:

_____

_____

_____

Materials:

_____          _____

_____          _____

_____          _____

Sketch:

```

```

Name of Invention:

_____

Type:
environmental medical technological scientific _____

Purpose:

_____

_____

_____

Materials:

_____          _____

_____          _____

_____          _____

Sketch:

```
┌─────────────────────────────────────────────┐
│                                               │
│                                               │
│                                               │
│                                               │
│                                               │
│                                               │
│                                               │
│                                               │
└─────────────────────────────────────────────┘
```

Name of Invention:

_____

Type:
environmental medical technological scientific _____

Purpose:

_____

_____

_____

Materials:

_____        _____

_____        _____

_____        _____

Sketch:

Name of Invention:

_____

Type:
environmental medical technological scientific _____

Purpose:

_____

_____

_____

Materials:

_____     _____

_____     _____

_____     _____

Sketch:

Name of Invention:

_____

Type:
environmental medical technological scientific _____

Purpose:

_____

_____

_____

Materials:

_____          _____

_____          _____

_____          _____

Sketch:

Name of Invention:

_____

Type:
environmental medical technological scientific _____

Purpose:

_____

_____

_____

Materials:

_____          _____

_____          _____

_____          _____

Sketch:

```
┌─────────────────────────────────────────────┐
│                                             │
│                                             │
│                                             │
│                                             │
│                                             │
│                                             │
│                                             │
│                                             │
│                                             │
└─────────────────────────────────────────────┘
```

Name of Invention:

_____

Type:
environmental medical technological scientific _____

Purpose:

_____

_____

_____

Materials:

_____      _____

_____      _____

_____      _____

Sketch:

Name of Invention:

_____

Type:
environmental medical technological scientific _____

Purpose:

_____

_____

_____

Materials:

_____          _____

_____          _____

_____          _____

Sketch:

Name of Invention:

_____

Type:
environmental medical technological scientific _____

Purpose:

_____

_____

_____

Materials:

_____     _____

_____     _____

_____     _____

Sketch:

Name of Invention:

_____

Type:
environmental medical technological scientific _____

Purpose:

_____

_____

_____

Materials:

_____          _____

_____          _____

_____          _____

Sketch:

```




```

Name of Invention:

_____

Type:
environmental medical technological scientific _____

Purpose:

_____

_____

_____

Materials:

_____          _____

_____          _____

_____          _____

Sketch:

Name of Invention:

_____

Type:
environmental medical technological scientific _____

Purpose:

_____

_____

_____

Materials:

_____        _____

_____        _____

_____        _____

Sketch:

Name of Invention:

_____

Type:
environmental medical technological scientific _____

Purpose:

_____

_____

_____

Materials:

_____          _____

_____          _____

_____          _____

Sketch:

Name of Invention:

_____

Type:
environmental medical technological scientific _____

Purpose:

_____

_____

_____

Materials:

_____          _____

_____          _____

_____          _____

Sketch:

```



```

Name of Invention:

_____

Type:
environmental medical technological scientific _____

Purpose:

_____

_____

_____

Materials:

_____      _____

_____      _____

_____      _____

Sketch:

# Name of Invention:

_____

## Type:
environmental medical technological scientific _____

## Purpose:

_____

_____

_____

## Materials:

_____     _____

_____     _____

_____     _____

## Sketch:

Name of Invention:

_____

Type:
environmental medical technological scientific _____

Purpose:

_____

_____

_____

Materials:

_____        _____

_____        _____

_____        _____

Sketch:

# Name of Invention:

_____

## Type:
environmental medical technological scientific _____

## Purpose:

_____

_____

_____

## Materials:

_____     _____

_____     _____

_____     _____

## Sketch:

Name of Invention:

_____

Type:
environmental medical technological scientific _____

Purpose:

_____

_____

_____

Materials:

_____     _____

_____     _____

_____     _____

Sketch:

```
┌─────────────────────────────────────────────────┐
│                                                   │
│                                                   │
│                                                   │
│                                                   │
│                                                   │
│                                                   │
│                                                   │
│                                                   │
│                                                   │
│                                                   │
└─────────────────────────────────────────────────┘
```

# Name of Invention:

_____

## Type:
environmental medical technological scientific _____

## Purpose:

_____

_____

_____

## Materials:

_____    _____

_____    _____

_____    _____

## Sketch:

Name of Invention:

_____

Type:
environmental medical technological scientific _____

Purpose:

_____

_____

_____

Materials:

_____    _____

_____    _____

_____    _____

Sketch:

Name of Invention:

_____

Type:
environmental medical technological scientific _____

Purpose:

_____

_____

_____

Materials:

_____        _____

_____        _____

_____        _____

Sketch:

Name of Invention:

_____

Type:
environmental medical technological scientific _____

Purpose:

_____

_____

_____

Materials:

_____        _____

_____        _____

_____        _____

Sketch:

# Name of Invention:

_____

# Type:
environmental medical technological scientific _____

# Purpose:

_____

_____

_____

# Materials:

_____     _____

_____     _____

_____     _____

# Sketch:

_____
|                                               |
|                                               |
|                                               |
|                                               |
|                                               |
|                                               |
|                                               |
|                                               |
|                                               |
_____

Name of Invention:

_____

Type:
environmental medical technological scientific _____

Purpose:

_____

_____

_____

Materials:

_____        _____

_____        _____

_____        _____

Sketch:

Name of Invention:

_____

Type:
environmental medical technological scientific _____

Purpose:

_____

_____

_____

Materials:

_____        _____

_____        _____

_____        _____

Sketch:

Name of Invention:

_____

Type:
environmental medical technological scientific _____

Purpose:

_____

_____

_____

Materials:

_____        _____

_____        _____

_____        _____

Sketch:

**Name of Invention:**

_____

**Type:**
environmental medical technological scientific _____

**Purpose:**

_____

_____

_____

**Materials:**

_____          _____

_____          _____

_____          _____

**Sketch:**

Name of Invention:

_____

Type:
environmental medical technological scientific _____

Purpose:

_____

_____

_____

Materials:

_____          _____

_____          _____

_____          _____

Sketch:

[ ]

Name of Invention:

_____

Type:
environmental medical technological scientific _____

Purpose:

_____

_____

_____

Materials:

_____        _____

_____        _____

_____        _____

Sketch:

Name of Invention:

_____

Type:
environmental medical technological scientific _____

Purpose:

_____

_____

_____

Materials:

_____        _____

_____        _____

_____        _____

Sketch:

```

```

# Name of Invention:

_____

## Type:
environmental medical technological scientific _____

## Purpose:

_____

_____

_____

## Materials:

_____        _____

_____        _____

_____        _____

## Sketch:

Name of Invention:

_____

Type:
environmental medical technological scientific _____

Purpose:

_____

_____

_____

Materials:

_____          _____

_____          _____

_____          _____

Sketch:

Name of Invention:

_____

Type:
environmental medical technological scientific _____

Purpose:

_____

_____

_____

Materials:

_____     _____

_____     _____

_____     _____

Sketch:

Name of Invention:

_____

Type:
environmental medical technological scientific _____

Purpose:

_____

_____

_____

Materials:

_____          _____

_____          _____

_____          _____

Sketch:

Name of Invention:

_____

Type:
environmental medical technological scientific _____

Purpose:

_____

_____

_____

Materials:

_____        _____

_____        _____

_____        _____

Sketch:

┌─────────────────────────────────────────────┐
│                                               │
│                                               │
│                                               │
│                                               │
│                                               │
│                                               │
│                                               │
│                                               │
└─────────────────────────────────────────────┘

Name of Invention:

_____

Type:
environmental medical technological scientific _____

Purpose:

_____

_____

_____

Materials:

_____          _____

_____          _____

_____          _____

Sketch:

┌─────────────────────────────────────────────────┐
│                                                   │
│                                                   │
│                                                   │
│                                                   │
│                                                   │
│                                                   │
│                                                   │
│                                                   │
└─────────────────────────────────────────────────┘

# Name of Invention:

_____

# Type:
environmental medical technological scientific _____

# Purpose:

_____

_____

_____

# Materials:

_____     _____

_____     _____

_____     _____

# Sketch:

Name of Invention:

_____

Type:
environmental medical technological scientific _____

Purpose:

_____

_____

_____

Materials:

_____          _____

_____          _____

_____          _____

Sketch:

[ ]

Name of Invention:

_____

Type:
environmental medical technological scientific _____

Purpose:

_____

_____

_____

Materials:

_____     _____

_____     _____

_____     _____

Sketch:

+---------------------------------------------------+
|                                                   |
|                                                   |
|                                                   |
|                                                   |
|                                                   |
|                                                   |
|                                                   |
|                                                   |
|                                                   |
|                                                   |
|                                                   |
+---------------------------------------------------+

Name of Invention:

_____

Type:
environmental medical technological scientific _____

Purpose:

_____

_____

_____

Materials:

_____        _____

_____        _____

_____        _____

Sketch:

Name of Invention:

_____

Type:
environmental medical technological scientific _____

Purpose:

_____

_____

_____

Materials:

_____        _____

_____        _____

_____        _____

Sketch:

_____
|                                               |
|                                               |
|                                               |
|                                               |
|                                               |
|                                               |
|                                               |
|                                               |
|                                               |
|                                               |
|_____|

Name of Invention:

_____

Type:
environmental medical technological scientific _____

Purpose:

_____

_____

_____

Materials:

_____          _____

_____          _____

_____          _____

Sketch:

# Name of Invention:

_____

## Type:
environmental medical technological scientific _____

## Purpose:

_____

_____

_____

## Materials:

_____    _____

_____    _____

_____    _____

## Sketch:

Name of Invention:

_____

Type:
environmental medical technological scientific _____

Purpose:

_____

_____

_____

Materials:

_____     _____

_____     _____

_____     _____

Sketch:

```



```

Name of Invention:

_____

Type:
environmental medical technological scientific _____

Purpose:

_____

_____

_____

Materials:

_____    _____

_____    _____

_____    _____

Sketch:

Name of Invention:

_____

Type:
environmental medical technological scientific _____

Purpose:

_____

_____

_____

Materials:

_____          _____

_____          _____

_____          _____

Sketch:

_____
|                                                 |
|                                                 |
|                                                 |
|                                                 |
|                                                 |
|                                                 |
|                                                 |
|                                                 |
|_____|

Name of Invention:

_____

Type:
environmental medical technological scientific _____

Purpose:

_____

_____

_____

Materials:

_____      _____

_____      _____

_____      _____

Sketch:

# Name of Invention:

_____

# Type:
environmental medical technological scientific _____

# Purpose:

_____

_____

_____

# Materials:

_____     _____

_____     _____

_____     _____

# Sketch:

Name of Invention:

_____

Type:
environmental medical technological scientific _____

Purpose:

_____

_____

_____

Materials:

_____          _____

_____          _____

_____          _____

Sketch:

Name of Invention:

_____

Type:
environmental medical technological scientific _____

Purpose:

_____

_____

_____

Materials:

_____        _____

_____        _____

_____        _____

Sketch:

```



```

**Name of Invention:**

_____

**Type:**
environmental medical technological scientific _____

**Purpose:**

_____

_____

_____

**Materials:**

_____          _____

_____          _____

_____          _____

**Sketch:**

Name of Invention:

_____

Type:
environmental medical technological scientific _____

Purpose:

_____

_____

_____

Materials:

_____          _____

_____          _____

_____          _____

Sketch:

Name of Invention:

_____

Type:
environmental medical technological scientific _____

Purpose:

_____

_____

_____

Materials:

_____        _____

_____        _____

_____        _____

Sketch:

Name of Invention:

_____

Type:
environmental medical technological scientific _____

Purpose:

_____

_____

_____

Materials:

_____        _____

_____        _____

_____        _____

Sketch:

Name of Invention:

_____

Type:
environmental medical technological scientific _____

Purpose:

_____

_____

_____

Materials:

_____          _____

_____          _____

_____          _____

Sketch:

Name of Invention:

_____

Type:
environmental medical technological scientific _____

Purpose:

_____

_____

_____

Materials:

_____         _____

_____         _____

_____         _____

Sketch:

Name of Invention:

_____

Type:
environmental medical technological scientific _____

Purpose:

_____

_____

_____

Materials:

_____          _____

_____          _____

_____          _____

Sketch:

Name of Invention:

_____

Type:
environmental medical technological scientific _____

Purpose:

_____

_____

_____

Materials:

_____          _____

_____          _____

_____          _____

Sketch:

Name of Invention:

_____

Type:
environmental medical technological scientific _____

Purpose:

_____

_____

_____

Materials:

_____       _____

_____       _____

_____       _____

Sketch:

Name of Invention:

_____

Type:
environmental medical technological scientific _____

Purpose:

_____

_____

_____

Materials:

_____         _____

_____         _____

_____         _____

Sketch:

Name of Invention:

_____

Type:
environmental medical technological scientific _____

Purpose:

_____

_____

_____

Materials:

_____          _____

_____          _____

_____          _____

Sketch:

**Name of Invention:**

_____

**Type:**
environmental medical technological scientific _____

**Purpose:**

_____

_____

_____

**Materials:**

_____          _____

_____          _____

_____          _____

**Sketch:**

Name of Invention:

_____

Type:
environmental medical technological scientific _____

Purpose:

_____

_____

_____

Materials:

_____      _____

_____      _____

_____      _____

Sketch:

Name of Invention:

_____

Type:
environmental medical technological scientific _____

Purpose:

_____

_____

_____

Materials:

_____        _____

_____        _____

_____        _____

Sketch:

```




```

Name of Invention:

_____

Type:
environmental medical technological scientific _____

Purpose:

_____

_____

_____

Materials:

_____     _____

_____     _____

_____     _____

Sketch:

Name of Invention:

_____

Type:
environmental medical technological scientific _____

Purpose:

_____

_____

_____

Materials:

_____          _____

_____          _____

_____          _____

Sketch:

Name of Invention:

_____

Type:
environmental medical technological scientific _____

Purpose:

_____

_____

_____

Materials:

_____        _____

_____        _____

_____        _____

Sketch:

Name of Invention:

_____

Type:
environmental medical technological scientific _____

Purpose:

_____

_____

_____

Materials:

_____     _____

_____     _____

_____     _____

Sketch:

Name of Invention:

_____

Type:
environmental medical technological scientific _____

Purpose:

_____

_____

_____

Materials:

_____      _____

_____      _____

_____      _____

Sketch:

Made in the USA
Columbia, SC
05 December 2019

84424064R00057